Clarissa Seban

Musiktherapie bei sexuell traumatisierten Kind

Clarissa Seban

Musiktherapie bei sexuell traumatisierten Kindern

GRIN Verlag

Bibliografische Information der Deutschen Nationalbibliothek: Die Deutsche Bibliothek
verzeichnet diese Publikation in der Deutschen Nationalbibliografie; detaillierte bibliografische Daten sind im Internet über http://dnb.d-nb.de/ abrufbar.

1. Auflage 2009
Copyright © 2009 GRIN Verlag
http://www.grin.com/
Druck und Bindung: Books on Demand GmbH, Norderstedt Germany
ISBN 978-3-640-90973-5

Musiktherapie bei sexuell traumatisierten Kindern

Schriftliche Prüfungsleistung

im Modul

1.8 Wissenschaftliches Arbeiten

im Studiengang

Bachelor of Arts: Soziale Arbeit

HS Fulda

SS 2009

vorgelegt von

Clarissa Seban

Fulda, Mai 2009

Inhaltsverzeichnis

1 Einleitung

Musik drückt das aus, was nicht gesagt werden kann
und worüber zu schweigen unmöglich ist.
(Victor Hugo, zit. in: Decker-Voigt 2005: 6)

Musik begleitet uns in allen Lebenslagen. Sie erinnert uns an besonders schöne, manchmal auch an weniger schöne Momente. Zu jeder Stimmungslage gibt es die passende Melodie, die einen aufbaut, einen entspannen lässt oder bei der man eben auch einfach mal seine ganze Wut oder Enttäuschung ausleben kann. Musik hilft uns, unseren Gefühlen wortlos Ausdruck zu verleihen.

Die Opfer von sexuellem Missbrauch sind sehr häufig nicht in der Lage ihre traumatischen Erlebnisse in Worte zu fassen. Noch weniger sind Kinder in der Lage dazu. Durch Missbrauchserfahrungen entstandene seelische Wunden können nicht heilen, weil die Erlebnisse und Erfahrungen vergessen, verdrängt oder verleugnet werden. Selten finden die Betroffenen einen Weg, sich selbst zu helfen. Es stellt sich die Frage, ob Musiktherapie Opfern von sexuellem Missbrauch bereits im Kindesalter die Möglichkeit geben kann, ihre traumatischen Erlebnisse und Erfahrungen zum Ausdruck zu bringen und mit Hilfe des Therapeuten zu verarbeiten.

Im ersten Kapitel wird ein kurzer Einblick zum Thema *sexueller Missbrauch von Kindern* gegeben. Was versteht man unter sexuellem Missbrauch an Kindern, wo tritt er auf und welche Folgen hat er für die betroffenen Kinder und deren Entwicklung? Im zweiten Kapitel wird der Frage nachgegangen, ob man durch den Einsatz von Musik die seelischen Wunden sexuell missbrauchter Kinder heilen kann und ob Musiktherapie insofern für diese Kinder als geeignet erscheint. Im letzten, dritten Kapitel wird das Projekt *Musiktherapie für sexuell missbrauchte Kinder*, das der Musiktherapeut Prof. Dr. Hans-Helmut Decker-Voigt in Zusammenarbeit mit *Dunkelziffer e.V.* (Hamburg) gegründet hat, vorgestellt und näher erläutert. Zwei Falldarstellungen dienen der exemplarischen Veranschaulichung der dort gestalteten musiktherapeutischen Arbeit.

Grundsätzlich wird in der vorliegenden Arbeit der Begriff „sexueller Missbrauch" verwendet, obwohl er sehr umstritten ist. Die Bezeichnung „Missbrauch" suggeriert, dass es einen gerechtfertigten „sexuellen Gebrauch" von Kindern gibt. Gleichermaßen ruft der Begriff aber Assoziationen hervor – wie Vertrauensmissbrauch oder Machtmissbrauch –, die wichtige Aspekte sexueller Übergriffe beinhalten. Darüber hinaus wird der Begriff in der wissenschaftlichen, juristischen und öffentlichen Diskussion am meisten verwendet und ist deshalb für jedermann zugänglich.

2 Sexueller Missbrauch von Kindern

2.1 Zur Definition

Was ist sexueller Missbrauch von Kindern? Auf diese Frage scheint es keine eindeutige, allgemeingültige Antwort zu geben. Es gibt zwar viele sozialwissenschaftliche und psychologische Definitionsversuche, aber gerade diese Vielzahl macht deutlich, dass allgemeinverbindliche, einheitliche Bestimmungskriterien fehlen (vgl. Bange 2008: 21-27). Schon die Fragehinsicht ist offensichtlich entscheidend: Fragt man beispielsweise nach der Person des Opfers oder nach der Person des Täters, so müssen in beiden Fällen unterschiedliche, individuelle Bestimmungskriterien gefunden werden. Da es sich auf den einzelnen Menschen beschränkt, lässt sich seelisches Erleben nur schwer wissenschaftlich erforschen. Begriffe – wie z.B. sexuelle Gewalt oder sexuelle Ausbeutung (vgl. Enders 2008: 30) –, die in der wissenschaftlichen Forschungsarbeit oftmals synonym gebaucht werden, machen auf andere Weise deutlich, wie schwierig es ist, das Phänomen sexueller Missbrauch von Kindern einzugrenzen und allgemeingültig zu bestimmen. Engfer (2005: 12) verweist auf die Problematik der Undefinierbarkeit, indem sie das allen Bestimmungsversuchen Gemeinsame nennt:

> „Gemeinsam ist allen Definitionsversuchen, dass zwischen Tätern und Opfern in der Regel ein Gefälle im Hinblick auf Alter, Reife oder Macht besteht und dass es sich um sexuelle Übergriffe handelt, die meistens gegen den Willen des Kindes erfolgen."

Drei Aspekte werden deutlich: einmal der Aspekt der Unterlegenheit aufgrund eines Alters,- Reife- und/oder Machtgefälles zwischen Täter und Opfer, dann der Aspekt der Ausübung von Gewalt und drittens der damit verbundene Aspekt, dass die sexuelle Handlung gegen den Willen des Kindes erfolgt.

Sexueller Missbrauch kann grundsätzlich als eine Form des Missbrauchs von Macht (vgl. Enders 2008: 39) verstanden werden. Sexueller Missbrauch wird durch die Abhängigkeit, die in der Beziehung des Kindes zu dem Täter gegeben ist, möglich. Kinder sind während ihrer Entwicklung auf Erwachsene angewiesen. Erwachsene unterstützen das Kind, regen es an und begleiten es, aber erfüllen auch die Bedürfnisse des Kindes nach Liebe, Zärtlichkeit und Schutz. Das Kind muss darauf vertrauen können. Dadurch befindet sich das Kind in einem natürlichen Abhängigkeitsverhältnis. Missbraucht ein Erwachsener ein Kind sexuell, so benutzt er die Liebe, die Abhängigkeit und das Vertrauen des Kindes für seine sexuellen Interessen und Bedürfnisse. Das Kind wird dadurch in seiner Entwicklung grundsätzlich gefährdet. (vgl. Enders 2008: 29)

4

Enders (2008: 29) verdeutlicht:

„Ausdrücklich geht es um eine Instrumentalisierung des Mädchens/Jungen für die Befriedigung der Bedürfnisse des Erwachsenen oder älteren Jugendlichen. Zwischen dem Täter (der Täterin) und dem Opfer besteht fast immer bereits eine Beziehung, die für das Mädchen/den Jungen durch Vertrauen, Angewiesensein und Zuneigung gekennzeichnet ist. Diese Beziehung bildet dann in der Regel die Ausgangsbasis für die durch den Täter (die Täterin) wissentlich und bewusst vorbereitete sexuelle Ausbeutung."

Einigkeit besteht darüber, dass sexueller Missbrauch eine Form der Gewalt darstellt, der alle Handlungen zuzuordnen sind, die durch Drohungen und körperliche Gewalt erzwungen werden (vgl. Bange 2008: 21). Sexuelle Gewalt ist all das, was einem Kind suggeriert, dass es nicht wichtig ist und nur als Objekt der Befriedigung dient. Das Kind erfährt, dass die Erwachsenen frei über es selbst verfügen können und jegliche Gegenwehr schwerwiegende Folgen haben kann (vgl. Enders 2008: 33). Nach Woltereck (1994: 32) sind sexuelle Gewalthandlungen ein Kontroll- und Unterwerfungsritual, das von Machtmissbrauch, Manipulation und der Ausnutzung eines Abhängigkeitsverhältnisses gekennzeichnet ist.

Saller (1987, zit. in: Stangl 2002) unterscheidet drei Bereiche sexueller Ausbeutung:

Eindeutige Formen:

- Genital-oral Verkehr (Cunnilingus, Fellatio);
- Eindringen in den After des Kindes mit Finger(n), Penis oder Fremdkörpern;
- Eindringen in die Scheide des Kindes mit Finger(n), Penis oder Fremdkörpern.

Andere ausbeutende Formen, die ebenfalls eine Benutzung des kindlichen Körpers zur Befriedigung des Erwachsenen darstellen:

- Berührung oder Manipulierung der Genitalien des Kindes;
- Veranlassung des Kindes, die Genitalien des Erwachsenen zu berühren oder zu manipulieren;
- Masturbation in Anwesenheit des Kindes;
- Veranlassung des Kindes, im Beisein des Erwachsenen zu masturbieren;
- Reiben des Penis am Körper des Kindes;
- Zeigen von pornographischen Abbildungen.

Verhaltensweisen, die im Nachhinein häufig als Beginn einer sexuellen Ausbeutung erkannt werden:

- Der Erwachsene zeigt sich nackt vor dem Kind.
- Der Erwachsene zeigt dem Kind seine Genitalien.
- Der Erwachsene möchte den Körper des Kindes "begutachten".
- Beobachten des Kindes beim Ausziehen, Baden, Waschen, auf der Toilette, ev. Hilfsangebote dazu.
- Küssen des Kindes auf intime Weise ("Zungenkuss").
- Altersunangemessene Aufklärung des Kindes über Sexualität, die nicht den kindlichen Interessen entspricht, sondern den exhibitionistischen und/oder voyeuristischen Bedürfnissen des Erwachsenen dient.

Der Aspekt, dass etwas gegen den Willen des Kindes geschieht, ist nur sehr schwer einzuordnen, da viele Opfer aufgrund einer Überlebensstrategie sagen, sie wären mit den sexuellen Handlungen einverstanden gewesen. Um eine Lösung für dieses Dilemma der scheinbaren Einwilligung zu finden, sprechen die meisten Wissenschaftler von dem Konzept des wissenschaftlichen Einverständnisses. Dieses Konzept geht davon aus, dass ein Erwachsener immer dann eine Straftat gegen die sexuelle Selbstbestimmung begeht, wenn dieser eine sexuelle Handlung an einer anderen Person ohne deren Zustimmung ausführt. Kinder sind aufgrund ihrer Entwicklung keine gleichberechtigten Partner gegenüber Erwachsenen. Sie können aufgrund ihrer emotionalen, kognitiven und sprachlichen Entwicklung nicht wissentlich ablehnen oder zustimmen und sind somit den Erwachsenen unterlegen. (vgl. Bange 2008: 21f) „Folglich muss jeder sexuelle Kontakt zwischen einem (einer) Erwachsenen und einem Kind als sexueller Missbrauch bewertet werden (…)." (Bange 2008: 22)

2.2 Daten und Fakten

Neben Zeugnissen von Betroffen belegen auch fundierte Forschungsergebnisse, dass sexueller Missbrauch an Kindern und Jugendlichen in der Bundesrepublik Deutschland weit verbreitet ist. Es kommen jährlich mehr als 10.000 Fälle von sexuellem Missbrauch an Kindern zur Anzeige. Eine Dunkelfelduntersuchung kam zu folgenden Ergebnissen: Schätzungsweise werden in Deutschland jährlich 80.000 bis 300.000 Kinder sexuell missbraucht. In Deutschland wird etwa jedes vierte bis fünfte Mädchen und je-

der zwölfte Junge Opfer von sexuellem Missbrauch. Die Täter gehören in der Regel dem Lebensumfeld der Kinder an: Väter, Stiefväter, Geschwister, Lehrer, Pfarrer, Mütter, Onkel, Babysitter, Freunde der Eltern, Großväter, Tanten, Trainer, Erzieherinnen, Therapeuten, Nachbarn, Ärzte. (vgl. Enders 2008: 12f) „(…) sprich: Unauffällige und anständige Bürger missbrauchen Kinder und Jugendliche (…).“ (Enders 2008: 13)

Sexueller Missbrauch findet größtenteils in der sozialen Umgebung des Kindes statt – wie z.b. in der Familie, in Schulen, Kindergärten, Sportvereinen oder innerhalb der Pfarrgemeinde. Der Hauptteil der Täter kommt bei Mädchen aus dem außerfamiliären Nahbereich und zu einem Drittel aus der Familie. Bei Jungen sind die Täter meist Bezugspersonen aus dem außerfamiliären Nahraum, die Anzahl der Täter aus der Familie ist um ca. 10 bis 20 % geringer als bei den Mädchen. (vgl. Enders 2008: 13) Es werden sehr oft nur männliche Personen als Täter in Betracht gezogen. Bewiesenermaßen sind auch die Täter meistens männlich, aber auch Frauen missbrauchen Kinder sexuell in erheblich größerer Anzahl als bisher angenommen. (vgl. Enders 2008: 16f) Es „(…) ist (…) für uns (…) schwierig zu akzeptieren, dass Frauen, die uns selbst, unseren Müttern, unseren Freundinnen nicht unähnlich sind (…), ebenfalls Kinder sexuell missbrauchen können und dies auch tun.“ (Saradijan 1999: 128, zit. in: Enders 2008: 16)

Gahleitner (2005: 18) beschreibt:

> „Etwa ein Fünftel aller Fälle sexuellen Missbrauchs bestehen in versuchten oder vollendeten Vergewaltigungen und sind in der Kategorie ‚sehr intensiver sexueller Missbrauch‘ zuzuordnen; ein weiteres Drittel der sexuellen Gewalterfahrungen fallen in die Kategorie ‚intensiver sexueller Missbrauch‘ wie erzwungene Masturbationen, und das letzte Drittel gehört zu ‚weniger intensiven Formen‘ wie sexualisierte Berührungen. Bei etwa zehn Prozent kommt es nicht zum Körperkontakt.“

In den seltensten Fällen ist der sexuelle Missbrauch einmalig. Eine amerikanische Studie ergab, dass es sich in der Regel um Wiederholungstaten über einen Zeitraum von ca. 3,3 Jahren handelt. Die deutsche Psychotherapeutin Eva Hildebrand stellte während ihrer beruflichen Tätigkeit eine Dauer von ca. drei bis fünf Jahren im Durchschnitt fest. (vgl. Woltereck 1994: 38)

Es geschieht sehr häufig, dass den Betroffenen sehr wenig Glauben geschenkt wird. Schon Freud änderte seine Hypothese, die als die so genannte Verführungstheorie bekannt wurde, nach einiger Zeit und stellte die Berichte der Opfer von sexuellem Missbrauch als kindliche Fantasieprodukte dar. Auch Freuds spätere These, nach der das Opfer als „Verführerin“ gesehen wird, ist heute ebenfalls noch sehr häufig vertreten –

was auch die Praxis bei Gericht belegt. Sexualisiertes Verhalten von Kindern wird bei vielen strafrechtlichen Auseinandersetzungen nicht als Folgeverhalten, sondern als provozierendes Verhalten angesehen. Aufgrund dessen wird dem Opfer eine Mitschuld zugeschoben, die den Täter entlastet. (vgl. Enders 2008: 15f)

Jeder sexuelle Kontakt von einer volljährigen Person mit Kindern unter 14 Jahren ist strafbar. § 174 StGB stellt sexuelle Handlungen an einer/einem unter 16 Jährigen Schutzbefohlenen unter Strafe und bei 18 Jährigen Personen, wenn der Täter ein bestehendes Abhängigkeitsverhältnis ausnutzt. § 176 StGB untersagt körperliche Berührungen mit sexueller Absicht und das Zeigen pornographischer Darstellungen. § 183 StGB untersagt exhibitionistische Handlungen. (vgl. Enders 2008: 24)

In Deutschland wird das Kind nach Aufdeckung eines innerfamiliären sexuellen Missbrauchs in der Regel fremduntergebracht – und somit aus dem sozialen Lebensumfeld herausgerissen – oder es muss mit dem Täter weiter zusammenleben. In einigen Bundesstaaten der USA hingegen muss nach Bekanntwerden des innerfamiliären Missbrauchs der Täter per einstweiliger Verfügung den gemeinsamen Wohnraum verlassen. Damit ergreift der Staat Partei mit dem Opfer und stellt dieses unter den Schutz des Staates. (vgl. Enders 2008: 184)

2.3 Folgen des sexuellen Missbrauchs

Die Folgen von sexuellem Missbrauch können sehr unterschiedlich sein. Sie sind abhängig von Ausmaß und Dauer des Missbrauchs, der Intensität und der Beziehung zu dem Täter. Der Entwicklungsstand des Kindes sowie das soziale Umfeld spielen ebenfalls eine sehr große Rolle bei der individuellen Verarbeitung. (vgl. Enders 2008: 122f) Unbewusste sowie bewusste Abspeicherungen des Erlebten wirken sich nicht immer erkennbar auf das Verhalten der Opfer aus. Gemäß Finkelhor (1997: 124, zit. in: Enders 2008: 121) zeigen rund 40% der sexuell missbrauchten Kinder keine Auffälligkeiten in ihrem Verhalten. Die Kinder, die ihren Erfahrungen durch ihr Verhalten Ausdruck verleihen, tun dies oft auf sehr unterschiedliche Weise.

Dissoziation und sexualisiertes Verhalten zählen zu den häufigsten Folgen von sexuellem Missbrauch. Da diese auch in den Falldarstellungen (siehe Abschnitt 4.3) wieder

aufgegriffen werden, werden diese hier ausführlicher beschreiben. Des Weiteren werden andere mögliche Folgen nur kurz aufgeführt.

Der sexuelle Missbrauch dringt tief in das Innere eines Menschen ein. Überall findet man seine Auswirkungen. Die Erfahrungen, die sexueller Missbrauch mit sich bringt – wie Hilflosigkeit, Ohnmacht und Schwäche in den Situationen des Missbrauches und der Gewalt, die dabei ausgeübt wird –, zerstören das seelische Gleichgewicht, die Basis der Entwicklung, um sich gesund und natürlich entwickeln zu können. (vgl. Enders, 2008: 129)

Sexueller Missbrauch im Kinder- und Jugendalter kann eine tiefe, bis ins Innerste dringende Beschädigung der natürlichen Körperempfindung, des Urvertrauens und des Selbstwertgefühls verursachen. Die Opfer fühlen sich verlassen, hassen ihren eigenen Körper oder setzen ihn ein, um Aufmerksamkeit zu bekommen. Sie schämen sich und fühlen sich des sexuellen Missbrauchs schuldig. Oft sind sie durch die Erfahrungen und Empfindungen des sexuellen Missbrauchs in der Fähigkeit gestört, sich zu binden oder sich innerhalb sozialer Beziehungen angemessen zu Verhalten. (vgl. Enders, 2008: 129-147)

Sexueller Missbrauch führt bei den Opfern in den allermeisten Fällen zu einer Traumatisierung (vgl. Enders 2008: 115). „Der Ausdruck Trauma stammt aus dem Griechischen und bedeutet Wunde oder Verletzung." (Mitzlaff, 2005: 103)

Ein seelisches Trauma wird durch Ereignisse verursacht, die intensiv, gewalttätig und unkontrollierbar auf einen Menschen einwirken, durch Ereignisse, denen man nicht ausweichen kann, die über den menschlichen Erfahrungen liegen und den Betroffenen in einen reizüberfluteten Stresszustand versetzen. Die Entstehung eines Traumas ist größtenteils mit negativen Gefühlen – wie Angst, Ohnmacht, Verzweiflung, Hilflosigkeit und/oder auch mit körperlich starken Schmerzen – verbunden. Durch die damit einhergehende Reizüberflutung ist es Kindern aufgrund ihrer Entwicklung noch nicht möglich, die Erfahrung zu bewältigen. (vgl. Enders, 2008: 115)

Enders (2008: 115) erklärt: „Vor allem sehr jungen Opfern sexueller Ausbeutung ist es kaum möglich, das Geschehen zu begreifen, ihre Fähigkeiten zur Realitätsprüfung sind noch nicht ausreichend entwickelt. Ihnen fehlt die Sprache, um die Gewalterfahrungen zu benennen."

Die Opfer von sexuellem Missbrauch entwickeln Abwehrmechanismen, um körperlich und seelisch überleben zu können. Sie verdrängen das Erlebte und schieben es mit den damit verbundenen Gefühlen in ihr Unterbewusstsein ab. Viele Opfer von sexuellem Missbrauch können sich daher vielmals nicht mehr oder nur bruchstückhaft an die Ereignisse erinnern. Nur ein Bruchteil der Reize gelangt durch den Wahrnehmungsfilter zurück ins Bewusstsein, so dass man sich wieder erinnern kann. (vgl. Enders 2008: 116f)

Der Vorgang des Verdrängens ist die häufigste Form der Dissoziation und wird heute als eine spezifische Form der Traumafolge angesehen. (vgl. Enders 2008: 117) „Dadurch, dass die äußere traumatische Realität nach innen verlegt wird, eröffnet sich dem Ich eine Hoffnung oder Chance, dass sie dort in der Phantasie beherrschbar ist, denn als äußere Realität ist sie überwältigend." (Zepf et al. 1986, zit. in: Egle/Hoffmann/ Joraschky 2005: 182) „Die Dissoziation kann als eine im Ansatz sinnvolle Überlebensstrategie, eine entgleiste Abwehrfunktion des Ichs verstanden werden." (Eckhart-Henn/Hoffmann, zit. in: Egle/Hoffmann/Joraschky 2005: 399) Hauptmerkmal der Dissoziation ist nach Richter-Appelt (2002, zit. in: Bange/Körner 2002: 53) „(...) der teilweise oder völlige Verlust der normalen Integration von Erinnerungen an die Vergangenheit, des Identitätsbewusstseins, der unmittelbaren Empfindungen sowie der Kontrolle von Körperbewegungen."

Eine weitere Form der Dissoziation ist das Abspalten der Persönlichkeit. Bei einigen Kindern ist diese Fähigkeit besonders ausgeprägt. Das Kind ist in der Lage, sich während der Gewalthandlung so stark in Trance zu versetzen, dass ein anderer Teil der Persönlichkeit den Missbrauch erfährt. (vgl. Enders 2008: 118) Huber (1998: 35, zit. in: Enders 2008: 118) beschreibt diesen Vorgang folgendermaßen:

> „Das Kind flieht sozusagen in eine Nische der eigenen Seele und schafft andere Ichs, zunächst als Zustände oder spezialisierte Fragmente der Persönlichkeit, die etwas erleben, erleiden und wieder hinter einer Barriere des Nicht-Wissens, also in der Amnesie verschwinden."

Durch das Abspalten der Wahrnehmungen und Gefühle während des Missbrauchs gibt es eine Persönlichkeit des Kindes, die den sexuellen Missbrauch erlebt hat, und eine, die ihn nicht erlebt hat. Die Spaltung ist für viele Kinder der Versuch, sich dem sexuellen Missbrauch nicht völlig auszuliefern und das Selbstwertgefühl zu erhalten. Die Gefahr dabei ist, dass die Betroffenen ihren eigenen Körper nur noch in Extremsituationen spü-

ren, da abgespaltene Körpergefühle – wie z.B. Schmerz – als nicht bewusste Körper-erinnerungen gespeichert werden. Aufgrund dessen ist die Wahrnehmung gegenüber körperlichem Schmerz, Wärme oder Kälte gestört und sie sind sehr häufig in ihren Be-wegungen blockiert. (vgl. Enders 2008: 118)

Durch den Versuch der Opfer, das Geschehene zu verdrängen und abzuspalten, sind die Erlebnisse des sexuellen Missbrauchs jedoch nicht endgültig verschwunden oder ge-löscht. Das Erlebnis wird als so dramatisch, extrem und lebensbedrohlich wahrgenom-men und damit so intensiv von den Sinnen aufgenommen, dass es sich in das Gedäch-tnis einprägt. (vgl. Enders 2008: 119)

Das Erlebte kann in filmartigen Erinnerungsblitzen (Flashbacks) immer und immer wieder hervortreten. Man spricht von einer Posttraumatischen Belastungsstörung. Flashbacks können z.B. durch einen Gegenstand, einen Geruch oder einen Namen aus-gelöst werden. Viele Betroffene können sich nicht erklären, warum ihnen z.B. bei einem bestimmten Geruch immer schlecht wird und sie eine Panikattacke bekommen. Die Ge-fühle und Erinnerungen der Vergangenheit überfluten die Opfer in ganz alltäglichen Situationen, Gefühle wie Angst, Scham, Ohnmacht und Wut überkommen sie. (vgl. Enders 2008: 119-121) „Schwere Traumata sind ohne Vergangenheit und erscheinen jederzeit präsent." (Streeck- Fischer 1998: 179, zit. in: Enders 2008: 121)

Eine weitere mögliche Folge sexuellen Missbrauchs ist das sexualisierte Verhalten. Se-xualisiertes Verhalten von Kindern kann sich in der Art und Weise, wie sie spielen, in ihrer Sprache und im Aufbau von Beziehungen gegenüber Erwachsenen zeigen (vgl. Mitzlaff 2005: 55). „Nach Motzkau gilt sexualisiertes Verhalten in der Literatur als lei-tendes Symptom, das als einziges signifikant mit Missbrauchserfahrungen korreliert." (Mitzlaff 2005: 55)

Ob tatsächlich ein auffälliges altersuntypisches sexuelles Verhalten vorliegt, muss unter Berücksichtigung der sozialen und kulturellen Aspekte betrachtet werden. Mit großer Wahrscheinlichkeit liegt ein gestörter Umgang mit der Sexualität vor, wenn ein Kind sich zwanghaft mit sexuellen Themen beschäftigt, sehr häufig masturbiert oder Erwach-sene zu sexuellen Handlungen auffordert. Sexualisiertes Verhalten ist aber kein hun-dertprozentiger Indikator dafür, dass ein sexueller Missbrauch vorliegt. Viele Kinder, die sexuell missbraucht wurden, zeigen ein total gegensätzliches Verhalten. Sie versu-chen, die Sexualität völlig auszublenden. (vgl. Mitzlaff 2005: 55)

Mitzlaff verweist auf Hirsch, der als einen möglichen Grund von sexualisiertem Verhalten die Entstehung eines Vakuums nennt, das aufgrund der nicht ausreichenden Befriedigung der Bedürfnisse in der frühen Kindheit nach Körperkontakt, emotionaler Zuwendung und anerkennender Bestätigung entsteht. Um dieses Vakuum zu füllen, um also seine Bedürfnisse zu befriedigen, bietet sich das Kind sexuell verführerisch an. Auf diese Weise ist es möglich, dass es im zweiten Schritt zu einem sexuellen Missbrauch des Kindes kommen kann, weil der Erwachsene die Zärtlichkeitsbedürfnisse des Kindes missdeutet und seinen eigenen sexuellen Bedürfnissen unterwirft. (vgl. Mitzlaff 2005: 55f)

Desweiteren ist eine mögliche Erklärungsform für sexualisiertes Verhalten die Identifikation mit dem Aggressor. Das Kind verhält sich ähnlich wie der Täter, um seiner passiven Rolle zu entfliehen und im Gegensatz dazu eine aktive Rolle einzunehmen. Diese Rollenumkehr im Spiel wird als erster Schritt der Bewältigung angesehen, wobei es fraglich ist, ob das sexuelle Bedrängen anderer Kinder durch sexuell missbrauchte Kinder der Bewältigung dient oder eher aus Zwang geschieht. (vgl. Mitzlaff 2005: 56f)

Sexualisiertes Verhalten ist auch eine Form der Distanzlosigkeit. Das Kind hat aufgrund des Missbrauchs seine Grenzen nie richtig kennengelernt bzw. nie auf sie gehört oder sie gespürt. Daher hat es auch nicht die Möglichkeit gehabt, Gespür und Respekt gegenüber den Grenzen anderer entwickeln zu können. (vgl. Woltereck 1994: 80)

Nach Woltereck (vgl. 1994: 69-83) sind weitere mögliche Folgen von sexuellem Missbrauch: Schlafstörungen, Einkoten oder Einnässen, Zwangsstörungen wie exzessives Waschen, überangepasstes Verhalten, aggressives Verhalten, negatives Selbstbild, Konzentrationsstörungen, Essstörungen, Suchtverhalten, Depressionen und Persönlichkeitsstörungen.

3 Heilen durch Musik

Therapie bedeutet übersetzt „dienen" und wird in der Medizin als Maßnahme zur Behandlung von Krankheiten oder seelischen Verletzungen bezeichnet. Ziel einer Therapie ist es, die Ursachen der Krankheit zu erkennen und deren Symptome zu heilen bzw. zu lindern. Eine Therapie soll den Kranken dabei unterstützen, sich selbst zu helfen. Ohne die Bereitschaft des Patienten ist ein Heilungsprozess nicht möglich.

Die Folgen von sexuellem Missbrauch sind in der Regel seelische Verletzungen, bei denen ein „Pflaster" oder die Verschreibung eines Medikamentes niemals ausreichen könnten. Menschen mit sexuellen Missbraucherfahrungen muss Raum und Schutz geboten werden, damit sie mit ihren verschütteten und verloren gegangenen Erinnerungen, Erfahrungen und Gefühlen in ihrem tiefsten Inneren wieder in Verbindung treten können (vgl. Woltereck, 1994: 87). Der Therapeut muss einen sicheren und stabilen Raum schaffen, um den Gefühlen der Ohnmacht und Hilflosigkeit bei dieser Art der Konfrontation vorzubeugen. Eine vertrauensvolle Beziehung zwischen Therapeut und Patient ist Voraussetzung einer jeden Therapie.

Putzke (2002: 151) sieht es als die Kunst jeder Therapie an:

> „(...) einen Weg zu finden zwischen Ich-Stärkung und Konfrontation, zwischen Verantwortung und Führung des Therapeuten und dem Vertrauen in die Eigenverantwortlichkeit der Klienten und der Achtung vor dem persönlichen Entwicklungsweg."

Der Therapeut muss die Bereitschaft und die Fähigkeit haben, die von der Klientel hergestellten Situationen – wie übertriebene Anpassung oder Austesten des Therapeuten – zu ertragen und wenn nötig zu begrenzen. Dies ist die Grundlage für das Wachsen einer vertrauensvollen Beziehung zwischen dem Therapeuten und dem Patienten. Die Rahmenbedingungen der Therapie – wie das Einhalten der verabredeten Zeit und Verlässlichkeit – sind in der Arbeit mit Menschen mit sexuellen Missbrauchserfahrungen besonders wichtig, da diese es vorher sehr häufig erlebt haben, dass ihr Vertrauen enttäuscht wurde. (vgl. Mitzlaff/Strehlow 2005: 202f)

Sexueller Missbrauch schädigt oder stört den Entwicklungsprozess des Kindes. Dies kann verheerende seelische Folgeschäden mit sich bringen. Zu Beginn der Auseinandersetzung mit den Missbrauchserlebnissen fällt es dem Kind sehr schwer, das Erlebte in Worte zu fassen (vgl. Reichelt 1994: 7). Gründe dafür können sein, dass der sexuelle Missbrauch so früh begann, dass das Kind gar nicht nachvollziehen kann, was gesche-

hen ist, bzw. dass es sprachlich noch nicht so weit entwickelt ist, um das Geschehene in Worte zu fassen (vgl. Enders 2008: 132f). Durch Drohungen seitens des Täters kann das Kind zur Geheimhaltung gezwungen worden sein und hat daher Angst, das Geschehene zu benennen (vgl. Reichelt 1994: 7). Zur Verarbeitung dieser Erlebnisse muss ein Therapeutikum gefunden werden, das den Entwicklungsstand des Kindes aufgreift und es dabei unterstützt, das Erlebte zu verarbeiten. Es muss ein Zugang zu dem Kind geschaffen werden. Weil Kinder ihr Gefühlsleben natürlicherweise nicht sprachlich, sondern durch Handlungen zum Ausdruck bringen, können Malen, Spielen oder Musizieren Möglichkeiten sein, sich behutsam mit den traumatischen Erfahrungen auseinanderzusetzen. Das zunächst Unsagbare kann zum Ausdruck kommen und mit Hilfe des Therapeuten bearbeitet werden. Kreative und erlebnisorientierte Methoden – wie das Musizieren, Malen oder szenische Darstellen – können dazu dienen, einerseits eine Exposition des Traumas zu ermöglichen und andererseits die Konfrontation mit dem Trauma aushaltbar zu machen (vgl. Putzke 2002: 151).

Ressourcenorientierte Therapieformen – wie Kunsttherapie, Spieltherapie und Musiktherapie sind für Kinder generell gut geeignet. Welche dieser drei Therapieformen am besten für das jeweilige Kind ist, zeigt sich durch die Ansprechbarkeit auf das jeweilige Medium. Jedes Kind hat andere Vorlieben und Interessen. Es gibt Kinder, die ihre Gefühle lieber in einer Bild- und Formensprache ausdrücken, andere wiederum zeigen ihre emotionale Dynamik eher durch symbolisches Spielen oder durch das Musizieren. Das Besondere an der aktiven Musiktherapie ist, dass sie die verschiedenen Elemente Malen, Spielen und Musizieren miteinander verknüpfen und dem Kind so die Möglichkeit geben kann, seine Gefühle auf vielseitige Art und Weise auszudrücken.

Es gibt verschiedene Formen der Musiktherapie. Grundsätzlich wird zwischen rezeptiver und aktiver Musiktherapie unterschieden. Bei der rezeptiven Musiktherapie werden dem Patienten ausgewählte Musikstücke vorgespielt, bei der aktiven Musiktherapie hingegen nimmt der Patient an der musikalischen Gestaltung aktiv teil. (vgl. Decker-Voigt 1991: 233) „Das heißt er sitzt (…) selbst an einem Instrument und spielt in freier Improvisation, und der musikalische Ausdruck in der Improvisation wird zum Ausdruck seiner Seele." (Decker-Voigt 1991: 233) Für die Arbeit mit Kindern ist die aktive Musiktherapie gut geeignet, da ein Kind meist aktiv sein möchte. Die vielen verschiedenen, teilweise unbekannten Instrumente machen das Kind neugierig, wecken sein Interesse und laden es zum Handeln ein (vgl. Decker-Voigt 2005: 17).

Ein wichtiges Merkmal der Musiktherapie ist das ressourcenorientierte Arbeiten. Die Symbolsprache der Musik spricht aus einer Zeitspanne heraus, die von der jeweiligen Gegenwart bis hin zum pränatalen Raum zurückreicht, also in eine Zeit, die noch vor der späteren Traumatisierung liegt, und dadurch als Ressource in der Musiktherapie entdeckt und aufgegriffen werden kann. Durch das Medium Musik kann eine Annäherung entstehen, die eingebettet ist in die Beziehung zum Therapeuten und die mit dem Medium improvisierter Musik in einer zunächst verschlüsselten Symbolsprache ausdrücken lässt, was bisher noch unaussprechbar war, weil schon die Annäherung abgewehrt werden musste. (vgl. Decker-Voigt 2005: 16f)

Durch die freie Improvisation auf Instrumenten treten das Kind und der Therapeut in einen musikalischen Dialog. Gefühle und Stimmungen werden in Rhythmus und Melodie gestaltet. Das Kind kann sich dadurch nonverbal mitteilen, seine eigenen Ängste überwinden und wieder eine vertrauensvolle Beziehung zur Umwelt aufbauen. Nach Decker-Voigt (2005: 16) ermöglicht die Musiktherapie:

> „ (...) die Hörbarmachung von Zusammengebrochenem, von Verlorenem, von Scham und verlorener Scham in der sozialen Interaktion und die Erarbeitung eines neuen Vertrauens im dialogischen Prozess der präverbalen Kommunikation und ihrer Ressourcen.“

Musiktherapie kann die Erfahrungen des sexuellen Missbrauchs nicht löschen, sie kann aber deren Tatsache würdigen, die belastenden Folgen erkennen und in gewissen Grenzen korrigieren. Mehr als ausschließlich sprachgebundene Therapieformen erlaubt die Musiktherapie Stimmigkeit, Erprobung, Authentizität und Akzeptanz. (vgl. Petersen 2005: 30)

4 Musiktherapie nach Decker-Voigt und Dunkelziffer e.V.

4.1 Konzept

Das Projekt „Musiktherapie für sexuell missbrauchte Kinder" wurde 1996 in Hamburg ins Leben gerufen. Der im Oktober 2001 verstorbene Stern-Redakteur und Vorstand des Vereins Dunkelziffer e.v. Klaus Meyer-Andersen und der Musikpsychologe und Musiktherapeut Prof. Dr. M.A. Hans-Helmut Decker-Voigt entwickelten das Projekt mit der Trägerschaft des Vereins Dunkelziffer e.v. und mit der Begleitung des Instituts für Musiktherapie der Hochschule für Musik und Theater Hamburg, welches die Möglichkeit der Musiktherapie als Therapieform für sexuell missbrauchte Kinder untersuchen sollte. (vgl. Decker-Voigt 2005: 1) 1998 wurde das Projekt der Öffentlichkeit vorgestellt. Das Projekt erschloss sich über einen Zeitrahmen von ca. fünf Jahren. In die musiktherapeutische Behandlung sollten während dieser Zeit Kinder aufgenommen werden, bei welchen die Verdachts- und Aufdeckungsphase des sexuellen Missbrauchs schon juristisch abgeschlossen waren (vgl. Decker-Voigt 2005: 7-9). Es ist während dieser Zeit zur musiktherapeutischen Arbeit mit Mädchen, nicht aber mit sexuell missbrauchten Jungen gekommen (vgl. Mitzlaff/Strehlow 2005: 31). Zu Beginn des Projekts wurden vier Einzelmusiktherapie-Plätze für Kinder- und Jungendliche von vier bis 17 Jahren angeboten. Die Kosten der Therapiestunden wurden komplett von Dunkelziffer e.V. übernommen. (vgl. Mitzlaff/Strehlow 2005: 35) Für die Räumlichkeiten wurden Praxisräume in Hamburg Altona angemietet. Seit Beendigung des Projektes wird die Musiktherapeutische Praxis innerhalb des Dunkelziffer e.V. in Hamburg weitergeführt (vgl. Decker-Voigt 2005: 4). Die Einzelmusiktherapieplätze sind auf acht erweitert worden und die beiden Musiktherapeutinnen haben einen Stiftungslehrauftrag zum Thema „Musiktherapie bei kindlichen Psychotraumata und Posttraumata am Beispiel der Begleitung von sexuell missbrauchten Kindern" am Institut für Musiktherapie der Hochschule für Musik und Theater Hamburg bekommen. (vgl. Decker-Voigt 2005: 7f)

Das Projekt wurde nach den Rahmenvorgaben von Prof. Dr. Decker-Voigt und dem Institut für Musiktherapie der Hochschule für Musik und Theater konzipiert und mit Unterstützung des Vorstands von Dunkelziffer e.V. und dessen Spenden realisiert (vgl. Falck 2005: 11). Die Leitung des Projekts übernahm Prof. Dr. Decker-Voigt. Die Therapiesitzungen wurden von zwei Musiktherapeutinnen namens Sabine Mitzlaff und Gitta Strehlow gestaltet. In der fallbezogenen Einzelsupervision der beiden Musiktherapeutinnen waren als Supervisoren eine Dipl.-Psychologin/Psychoanalitikerin, ein analy-

tischer Kinder- und Jugendlichen-Psychotherapeut, ein Facharzt für Kinder- und Jugendlichenpsychiatrie, Psychotherapie und Diplom-Musiktherapeut, eine Diplom-Musiktherapeutin sowie eine Kinder- und Jugendlichenpsychotherapeutin tätig. (vgl. Decker-Voigt 2005: 7-9)

Der Therapieraum ist sehr hell und freundlich gestaltet. Er ist mit einer großen Auswahl an Musikinstrumenten ausgestattet. Es gibt ein Klavier, verschiedene Schlaginstrumente, Stabspiele, Flöten, eine Gitarre, einen Streichpsalter, ein Cello und ein Monochordbrett (ein spezielles Therapieinstrument). Auch ein Kassettengerät mit Mikrophon zum Aufnehmen der Improvisationen und ein CD-Player sowie eine Auswahl an CDs gehören zur Ausstattung. Des Weiteren befinden sich im Therapieraum Märchenbücher, Babypuppen, Zeichenutensilien, Handpuppen, Arztspielzeug und anatomische Puppen. (vgl. Mitzlaff/Strehlow 2005: 33)

Die Eltern oder professionellen Helfer der Kinder melden sich bei Dunkelziffer e.V. zu einem Beratungsgespräch an. Wenn der sexuelle Missbrauch als wahrscheinlich erscheint oder aufgedeckt ist, werden sie an die Musiktherapeutinnen weitergeleitet (vgl. Kerger 2005: 13). Beim Erstkontakt sind immer beide Musiktherapeutinnen anwesend. Dieser Erstkontakt gliedert sich in der Regel in drei Zeitabschnitte. Zuerst gibt es ein Gespräch mit allen Beteiligten, bei dem es hauptsächlich um das Kennenlernen geht. Es werden Alltagsthemen angesprochen und das Kind wird nach seinen Vorerfahrungen und Vorlieben im musikalischen Bereich befragt. (vgl. Mitzlaff/Strehlow, 2005: 35) Des Weiteren wird das Kind auf den Missbrauch bzw. Missbrauchsverdacht auf behutsame und vorsichtige Weise angesprochen. Das wird jedoch nicht vertieft. Das Kind soll wissen, dass es sich um eine Aufnahme für eine Therapie in einer Einrichtung, die auf Hilfe für sexuell missbrauchte Kinder spezialisiert ist, handelt. (vgl. Mitzlaff/Strehlow 2005: 203) Im zweiten Abschnitt geht eine Therapeutin mit dem Kind in den Musikraum, um dem Kind die Gelegenheit zu geben, sich den Raum anzuschauen. Das Kind wird dazu ermutigt, einige Instrumente auszuprobieren. Diese erste Explorationsphase ist sehr wichtig für die Therapeutin, da sie bereits wichtige Hinweise auf die belastenden Erfahrungen und Schwierigkeiten sowie auch auf die Ressourcen des Kindes geben kann. In den Gesprächsteilen greift die Therapeutin die Themen des Kindes auf und fragt gezielt nach dessen Erwartungen an die Musiktherapie. In diesem zweiten Teil der Erstbegegnung versucht die Therapeutin, sich ein Bild von der Lebenssituation, den speziellen Schwierigkeiten und der Ansprechbarkeit des Kindes auf Musik zu machen. Während

dieser Zeit führt die andere Musiktherapeutin ein Gespräch mit der Begleitperson des Kindes, um den aktuellen Anlass zur Therapieanmeldung zu besprechen. Es werden die Themen der Familiensituation, Auffälligkeiten des Kindes und die Missbrauchserfahrungen behandelt. Die Therapeutin stellt der Begleitperson das musiktherapeutische Konzept vor und fragt nach den Therapiezielen. Im dritten Abschnitt treffen sich alle Beteiligten im Musiktherapieraum, um gemeinsam zu musizieren. Die weitere Vorgehensweise wird besprochen. Falls für die Therapeutinnen die Indikation für eine Musiktherapie ersichtlich und ein freier Platz vorhanden ist, werden fünf Probestunden vereinbart. Voraussetzungen dafür sind, dass erkennbare behandlungsbedürftige Störungen vorliegen, ein sexueller Missbrauch bekannt ist oder als sehr wahrscheinlich erscheint und eine Ansprechbarkeit durch den Einsatz von Musik vorliegt. Die fünf vereinbarten Probestunden dienen zur genaueren Abklärung. Erst danach wird die eigentliche Entscheidung zur Aufnahme gefällt. Es wird darauf geachtet, ob während dieser Probezeit eine Kooperationsbereitschaft und die regelmäßige Teilnahme an den Therapiesitzungen vorliegen. (vgl. Mitzlaff/Strehlow 2005: 35f)

Die musiktherapeutische Behandlung wird in Einzelsettings angeboten und findet für jedes Kind einmal pro Woche statt. Eine Therapiesitzung dauert 50 Minuten. Begleitend werden für die Bezugsperson des Kindes Beratungsgespräche angeboten. (vgl. Mitzlaff/Strehlow 2005: 36) Bezugspersonen, die nicht familiär mit dem Kind verbunden sind, können weitere Beratungstermine seitens der Mitarbeiter von Dunkelziffer e.V. in Anspruch nehmen, wenn sie dies wünschen. Das Kind und dessen Angehörige werden von den Therapeutinnen betreut. Aufgrund des komplexen Bedingungsgefüges von sexuellem Missbrauch ist es sehr häufig notwendig, Beratung und Therapie parallel zu gestalten. (vgl. Kerger 2005: 13)

Diese Beratungsgespräche mit den Musiktherapeutinnen finden je nach Alter des Kindes, der Familiensituation und der psychischen Stabilität des Angehörigen in einem Abstand von Monaten, einmal im Monat oder vierzehntägig statt. Die Anzahl der musiktherapeutischen Sitzungen wird nicht festgelegt, sondern ergibt sich aus dem therapeutischen Prozess. Es gibt keinen vorgelegten festen Ablauf der Therapiesitzungen. Die Behandlung wird von den Therapeutinnen als offener Prozess gesehen, bei dem das Kind die Möglichkeit bekommt, das Arbeitstempo sowie die Themen frei zu bestimmen. (vgl. Mitzlaff/Strehlow 2005: 35f)

Die supervisorische Begleitung der Musiktherapeutinnen ist ein wichtiger Bestandteil des Konzepts. Sie dient den Musiktherapeutinnen dazu, zugunsten des Wohles des Kindes einen Überblick über die Komplexität der Materie, die vielfältigen Interessen aller Beteiligten und die Zuständigkeitsaspekte der Bezugspersonen zu behalten. Die Supervisoren unterstützen die Therapeutinnen dabei in Phasen der Verstrickungen – wie z.B. der vorübergehenden Einnahme der Täterposition oder der Opferposition mit den entsprechend einhergehenden Schuld- oder Ohnmachtsgefühlen. Sie helfen, den Überblick und die nötige Distanz zu wahren. (vgl. Mitzlaff/Strehlow 2005: 204) Fragen nach Therapeutenrolle und Behandlungsziel, nach fiktivem oder erklärtem Auftrag werden abgewogen und im Sinne des Klientels beantwortet. Die Schwerpunkte der supervisorischen Arbeit sind: Vertrauen, Autonomie, Initiative, Identität. (vgl. Petersen 2005 : 25-30)

4.3 Methode

Methodisch arbeiten die Musiktherapeutinnen zum größten Teil in Form freier musikalischer Improvisation. Das Kind sucht sich seine Instrumente selbst aus und spielt, was ihm gerade in den Sinn kommt. Auf diese Weise kommt am besten zum Ausdruck, was das Kind innerlich beschäftigt. Es kann sich konflikthaftes oder traumatisiertes Material aus dem Leben des Kindes zeigen. Die Momente der Ohnmacht, der Überrumpelung und des Schmerzes können in der Improvisation besonders spürbar werden. Das gemeinsame musikalische Tun kann für das Kind eine neue sichere Erfahrung sein und kann eine Grundlage schaffen, weiterem traumatischem und konflikthaftem Material überhaupt begegnen zu können. „Eine musikalische Improvisation, die berührt und Erstaunen auslöst, kann eine besondere Erfahrung, die Erfahrung einer Begegnung vermitteln." (Mitzlaff/Strehlow 2005: 204) Die Therapeutin und das Kind improvisieren meistens gemeinsam. Aber es kommt auch häufig vor, dass die Therapeutin nur als Zuhörerin gewünscht wird. Gerade zu Beginn der Therapie wird das gemeinsame Improvisieren von den Kindern noch als sehr bedrohlich empfunden, erst im weiteren Verlauf können viele Kinder die Erfahrung machen, dass Nähe nicht immer gefährlich ist, sondern auch schön sein kann (vgl. Mitzlaff/Strehlow 2005: 205). Es wird davon ausgegangen, dass das Kind in der Situation der musikalischen Improvisation so handelt, wie es auch in seinen Lebenszusammenhängen handelt, und auf diese Weise zeigt, in welche Probleme es dabei gerät. In der musikalischen Interaktion werden Beziehungsmuster

des Kindes deutlich. Die früheren Beziehungserfahrungen des Kindes wiederholen und reinszenieren sich in der aktuellen Lebensphase des Kindes. Die Aufgabe der Therapeutin ist es, diese zu erkennen und darauf einzugehen. Es wird ein Zugang geschaffen, um das Lebensmuster des Kindes zu verstehen. Die Musikinstrumente werden von den Kindern auch wie Spielzeug benutzt und es werden Spielszenen erfunden, in denen auch die Therapeutin eine Rolle zugewiesen bekommt.

Musiktherapie bedeutet für die Therapeutinnen nicht, dass in den Therapiestunden ausschließlich Musik gemacht wird. (vgl. Mitzlaff/Strehlow 2005: 36f) Die musikalische Gestaltung ist ein erster Schritt der Annäherung, bis das Kind seine Erlebnisse in Worte fassen kann. Dazwischen werden die Erlebnisse oft im szenischen Spiel dargestellt. (vgl. Mitzlaff/Strehlow 2005: 205) Die aus der Spieltherapie bekannten Techniken werden ebenfalls angewandt. Zusätzlich zur freien Improvisation werden auch komponierte Musikstücke gespielt oder Lieder gesungen. Die Kinder haben ebenfalls die Möglichkeit, CDs von zu Hause mitzubringen und dort vorzuspielen. Die von den Kindern mitgebrachten Musikstücke bieten einen Zugang zu bedeutsamen Themen – wie Gewalt, Angst und Ekel (vgl. Mitzlaff/Strehlow 2005: 205). Alle angewandten Arbeitsformen – wie Improvisieren, CD- Hören, Zeichnen oder Handpuppenspiel – dienen dem Kind zur Darstellung von konflikthaftem oder traumatischem Material sowie zur Abwehr desselben. Die Darstellung wird von jedem Kind individuell mit den verschiedenen Materialien gestaltet. Die Therapeutin versucht, das Handeln und die Erzählungen des Kindes und deren mögliche Bedeutung während der Therapiesitzung in einen Zusammenhang mit der Lebenssituation des Kindes zu bringen. Dies bedarf sehr häufig einer nachträglichen Reflexion, da diese nicht immer während der Therapiesitzung möglich ist. Die so gewonnenen Erkenntnisse werden dem Kind zu einem geeigneten Zeitpunkt in verbaler oder nonverbaler Form mitgeteilt.

Es gibt musikalische Gestaltung, die niemals in Worte gefasst werden kann, dennoch ist Musiktherapie keine ausschließlich nonverbale Methode. Durch Musik kann Unsagbares vielmehr sagbar werden. Ein Kind zeigt sehr häufig erst in der musikalischen Interaktion, durch eine szenische Darstellung oder anhand einer Zeichnung, welches Thema es beschäftigt. Aber erst die sprachliche Benennung führt zu einer Rekonstruktion und Integration der traumatischen Erfahrungen. Alle Äußerungen und Interaktionen zwischen dem Kind und der Therapeutin während der Sitzungen werden von den Therapeutinnen nach dem Prinzip des szenischen Verstehens nach Alfred Lorenzer vor dem

Hintergrund des Übertragungs-Gegenübertragungsgeschehens erfasst. Die Therapeutin geht in verschieden Schritten vor. Im ersten Schritt lässt sie sich die auf die Situation des Kindes ein und im zweiten Schritt wird diese Situation von der Therapeutin reflektiert. Ziel der Therapeutin ist es, durch die Analyse der Reinszenierung abgewehrtes Material aus dem subjektiven Erleben wieder zugänglich zu machen. Die Therapeutin nimmt durch das Übertragungs-Gegenübertragungsgeschehens an der Lebenspraxis des Kindes teil und hat so Zugang zu dessen verschütteter Symbolwelt. Durch die Erweiterung der Symbolisierungsfähigkeit bekommt das Kind einen größeren Handlungsspielraum. (vgl. Mitzlaff/Strehlow, 2005 : 36f)

4.2 Falldarstellungen aus der Praxis

4.2.1 Beispiel „Sexualisiertes Verhalten"

Nachfolgende Falldarstellungen sollen exemplarisch veranschaulichen, wie die musiktherapeutische Arbeit mit sexuell missbrauchten Kindern umgesetzt wird.

Falldarstellung Vanessa:

Die achtjährige Vanessa wird von ihrer Erzieherin zur Therapie angemeldet, weil diese den Verdacht hegt, dass Vanessa sexuell missbraucht worden sein könnte. Die Erzieherin hatte mehrfach beobachtet, dass Vanessa sich nach Aufforderung ihres älteren Bruders auszieht oder sich vor fremden Besuchern nackt zeigt. Die Erzieherin beschreibt als weitere Auffälligkeiten: Einnässen und Einkoten, distanzloses Verhalten, Konzentrationsschwierigkeiten und Angst vor dem Alleinsein. Zudem kursiert in dem Stadtteil das Gerücht, dass Vanessa und ihr Bruder zu sexuellen Dienstleistungen vermietet worden seien.

Vanessa ist das jüngste Kind von vier Kindern einer alleinerziehenden alkoholabhängigen Mutter, die ihre Kinder sehr häufig alleine ließ und nur unzureichend vorsorgte. Etwa ein Jahr vor Therapiebeginn wurden Vanessa und ihr Bruder in einem Kinderheim untergebracht. Die Mutter stimmte dieser Unterbringung zu und behielt ein eingeschränktes Sorgerecht. Die musiktherapeutische Behandlung dauerte drei Jahre und umfasst 98 Einzelmusiktherapiesitzungen. (vgl. Mitzlaff 2005: 39)

Zwei Szenen aus den Sitzungen 24 und 25, protokolliert von der Therapeutin Sabine Mitzlaff

Vanessa sitzt mit mir zusammen auf der großen Schlitztrommel und wir spielen darauf. Vanessa sagt, dass ich ihre ältere Schwester darstellen soll. Sie deutet durch Ablecken der Schlägel Oralverkehr an. Sie malt ein großes Herz auf ein Blatt Papier und schreibt „Blöde Sexkuh" darauf und reicht es mir. Am Schluss der Stunde zerreißt sie den Zettel. Die folgende Stunde ist die letzte vor der Sommerferienpause. Vanessa sagt, dass sie ein Baby ist und eine schmutzige Windel hat. Als ich frage, ob dem Baby die Windel gewechselt werden sollte, streckt sie mir ihren Po entgegen und fordert mich auf, darauf zu schlagen. (Mitzlaff 2005: 44)

Interpretation der Sitzungen von der Therapeutin

Die beiden Sitzungen zeigen eine Steigerung des sexualisierten Verhaltens und aggressiver Gesten mir gegenüber. Die bevorstehende Trennung hat bei Vanessa regressive Tendenzen ausgelöst, die sofort sexualisiert werden. Mit der Aufforderung, sie auf den Po zu schlagen, schockiert mich Vanessa, erweckt einen starken Widerwillen in mir und ich bin zunächst wie gelähmt. Ein Ansprechen des Zusammenhangs mit der bevorstehenden Ferientrennung bringt etwas Entspannung in die Situation. Es erscheint mir jedoch zu heikel, neben dem aggressiven Anteil auch den sexuellen Aufforderungscharakter der Szene zu thematisieren. (Mitzlaff, 2005: 44)

4.3.2 Beispiel „Dissoziation"

Falldarstellung Svenja:

Svenja ist zu Beginn der Therapie sieben Jahre alt und wird durch eine Psychologin, die ein Gutachten über Svenja aufgrund eines Sorgerechtsverfahrens anfertigte, angemeldet. Svenja lebt in einer Pflegefamilie. Vorher lebte sie mit ihrem gewalttätigen Vater zusammen, der verdächtigt wird, seine Tochter über mehrere Jahre hinweg sexuell missbraucht zu haben. Die älteren Halbgeschwister seitens des Vaters gaben beim Jugendamt an, dass auch sie sexuell missbraucht worden seien, waren aber nicht bereit zu einer Gegenüberstellung oder Anzeige aus Angst vor dem Vater. Nach Auskunft der Pflegemutter zeigt Svenja panische Angst vor allen männlichen Personen. Sie lehnt jeglichen Körperkontakt ab und kann nicht spielen. Außerdem zeigt Svenja zwanghaftes und au-

toaggressives Verhalten, Defizite in der Motorik und im Sozialverhalten sind zu beobachten. Die musiktherapeutische Behandlung dauert viereinhalb Jahre mit 163 Einzelsitzungen. (vgl. Mitzlaff 2005: 89)

Szenenfolge aus Sitzung 89, protokolliert von der Therapeutin Sabine Mitzlaff

In der vorigen Sitzung war das Motiv der Unke im Keller ganz am Schluss in einem Handpuppenspiel aufgetaucht. Ich eröffne die 89. Sitzung, indem ich Svenja sage, dass ich inzwischen noch darüber nachgedacht habe, wie sich eine Unke im Keller fühlt. Ich sage, dass ich es mir schrecklich vorstelle, alleine im Keller eingesperrt zu sein und von niemandem gehört zu werden. Svenja nickt, dann verlässt sie den Raum, um zur Toilette zu gehen. Inzwischen packe ich unsere Plüschunke in einen Korb und stelle diesen Korb mit Tüchern bedeckt unter das Monochordbett. Als Svenja zurückkommt, singe ich klagende Laute in die Schall-Löcher des Monochordbetts Svenja nimmt die Zauberhandpuppen und beginnt ein Handpuppenspiel: Der Polizist und der Marienkäfer kommen zum Zauberer und sagen, dass sie merkwürdige Geräusche aus dem Keller des Zauberschlosses gehört haben. Sie möchten in den Keller gehen und nachschauen, was dort los ist. Der Zauberer lässt sie in den vorderen Teil des Kellers (vom hinteren durch einen Bassklangstab abgetrennt) eintreten und schließt sie dort ein. Dann geht der Zauberer mit der Prinzessin in den hinteren Teil des Kellers. Polizist und Marienkäfer hören einen Schrei, können aber nicht sehen, was dort geschieht. Als die Prinzessin mit dem Zauberer wieder herauskommt, trägt sie eine rote Schleife um den Hals. Die Prinzessin reibt ihren Schleier, der Polizist und der Marienkäfer können es durch die geschlossene Tür hören, dann verlässt der Zauberer das Schloss. Die Prinzessin hat Angst davor, vom Zauberer in eine Unke verwandelt zu werden. Zum Schluss wird die Prinzessin vom Zauberer alleine in den hinteren Teil des Kellers gesperrt. Svenja reibt nun mit dem Kolophonium auf dem unter dem Monochordbett liegenden Streichpsalter herum, wobei grässlich quietschende Geräusche entstehen. Währenddessen gelingt es dem Marienkäfer und dem Polizisten, mit der Prinzessin durch die Tür zu sprechen. Die Sitzung endet damit, dass Marienkäfer und Polizist zu der Prinzessin in den hinteren Bereich vordringen können und ihr Gesellschaft leisten. (Mitzlaff 2005: 96f)

Interpretation der Sitzung von der Therapeutin

In dieser Sitzung versuche ich, der stummen Unke eine Stimme zu leihen, indem ich formuliere, wie sie sich fühlt. Um Svenja nicht zu überfordern, spreche ich nicht an,

dass es dabei um Svenjas eigene Gefühle und Erlebnisse geht. Svenjas Verlassen des Therapieraums zeigt, dass es sogar auf diese indirekte Weise noch kaum möglich ist, sich mit der so hoffnungslos erscheinenden Isolation, um die es geht, auseinanderzusetzen. Im folgenden Handpuppenspiel wird die Situation jedoch mit Hilfe einer Bildersprache weiter entfaltet. Es wird dargestellt, dass der Prinzessin (Tochter) im Keller vom Zauberer (Vater) Schreckliches angetan wird, wofür es jedoch keine Zeugen gibt (Marienkäfer und Polizist können nicht sehen, was geschieht). Durch die Kellerereignisse wird die Prinzessin in die Unkenexistenz gezwungen. Die rote Schleife hat den doppeldeutigen Charakter einer frisch zugefügten Wunde oder eines Schmuckes. Ich selbst bin während des Puppenspiels so in den Bann der Geschichte gezogen, dass ich tatsächlich glaube, nicht in den Keller hineinsehen zu können. Das Reiben des Schleiers weckt bei mir Assoziationen von sexuellen Handlungen, macht aber gleichzeitig einen seltsam unwirklichen Eindruck, so als ob es sich dabei um etwas völlig Sinnloses und Unverständliches handelt. In dieser Sitzung bekomme ich eine Ahnung davon, wie Svenja bedrohliche Situationen in der Zeit, als sie alleine mit ihrem Vater gelebt hat, erfahren haben könnte, nämlich als Abfolge von isolierten und völlig unverständlichen Eindrücken. Svenja kann solche Erlebnisse nur darstellen, nicht aber beschreiben oder erzählen. (Mitzlaff 2005: 96f)

5 Resümee

Sexueller Missbrauch verursacht seelische Wunden. Diese Wunden können nur dann beginnen zu heilen, wenn man sich mit den traumatischen Erlebnissen auseinander setzt. Kinder können aufgrund ihrer sprachlichen Entwicklung und der Schutzmechanismen – wie Vergessen, Verdrängen und Verleugnen – die traumatischen Erfahrungen und Erlebnisse nicht in Worte fassen. Verschwunden sind sie jedoch nicht. Die Betroffenen werden in alltäglichen Situationen immer wieder davon eingeholt. Gerade im Kindesalter ist es wichtig, die traumatischen Erlebnisse und Erfahrungen verarbeiten zu können, damit sie zukünftige Lebensphasen nicht negativ beeinflussen.

Kinder bringen ihr Gefühlsleben eher durch Handlungen zum Ausdruck. Daher sind Malen, Spielen oder Musizieren Möglichkeiten, sich behutsam mit den traumatischen Erfahrungen auseinanderzusetzen. Musiktherapie gibt den Kindern die Möglichkeit, sich auf spielerische Art und Weise dem belastenden Thema anzunähern. Es können negative Erfahrungen durch das Musizieren in positive Erfahrungen umgewandelt werden. Durch Musik entsteht eine zwischenmenschliche Nähe, die nicht als unangenehm empfunden wird. Das zunächst Unsagbare kann mit der Symbolsprache Musik zum Ausdruck kommen und mit Hilfe des Therapeuten bearbeitet werden. Kreative und erlebnisorientierte Methoden – wie das Musizieren, Malen oder szenische Darstellen – unterstützen das Kind bei der Verarbeitung und bieten ihm Schutz. Das Besondere an der Musiktherapie ist, dass es diese kreativen und erlebnisorientierten Methoden miteinander verbindet und so jedem Kind die Möglichkeit gibt, seinen Gefühlen individuell Ausdruck zu verleihen. Dadurch, dass die Musik als Ressource aufgegriffen werden kann, die an Erfahrungen anknüpft, die noch vor den traumatischen Erfahrungen und Erlebnissen liegen, wird das Musizieren nicht von den Kindern abgewehrt.

Vielleicht darf man sagen, dass Klänge die Seele auf besondere Weise berühren. Musiktherapie kann den Weg dorthin öffnen und helfen, die eigene Seele hörbar zu machen. Musik schafft eine Brücke zwischen verdrängter Erinnerung und dem Vertrauen das Unsagbare sagbar zu machen. Mit der Unterstützung des Therapeuten kann das Kind behutsam über die Brücke gehen und seine traumatischen Erfahrungen und Erlebnisse verarbeiten.

Literaturverzeichnis

Bange, Dirk (2008): „Das alltägliche Delikt: Sexuelle Gewalt gegen Mädchen und Jungen. Zum aktuellen Forschungsstand". In: Enders, Ursula (Hrsg.) (2008): Zart war ich, bitter war`s. Handbuch gegen sexuellen Missbrauch. Köln: Kiepenheuer & Witsch. 21-27.

Bange, Dirk/Körner, Wilhelm (Hrsg.) (2002): Handwörterbuch Sexueller Missbrauch. 1.Aufl. Göttingen, Bern, Toronto, Seattle: Hogrefe- Verlag.

Decker-Voigt, Hans-Helmut (1991): Aus der Seele gespielt. Eine Einführung in die Musiktherapie. 1.Aufl. München: Goldmann Verlag.

Decker-Voigt, Hans–Helmut und Dunkelziffer e.V. (Hrsg.) (2005): „Der Schrecken wird hörbar". Musiktherapie für sexuell missbrauchte Kinder. 1. Aufl. Lilienthal/Bremen: Eres Edition.

Egele Ulrich Tiber/Hoffmann Sven Olaf/Joraschky Peter (Hrsg.) (2005): Sexueller Missbrauch, Misshandlung, Vernachlässigung. Erkennung, Therapie und Prävention der Folgen früherer Stresserfahrungen. 3.Aufl. Stuttgart, New York: Schattauer.

Enders Ursula (Hrsg.) (2008): Zart war ich, bitter war´s. Handbuch gegen sexuellen Missbrauch. 3. Aufl. Köln: Kiepenheuer & Witsch.

Engfer; Anette (2005): „Formen der Misshandlung von Kindern – Definitionen, Häufigkeiten, Erklärungsansätze." In: Egele Tiber Ulrich/Hoffmann Olaf Sven/Joraschky Peter (Hrsg.) (2005): Sexueller Missbrauch, Misshandlung, Vernachlässigung. Erkennung, Therapie und Prävention der Folgen früherer Stresserfahrungen. 3.Aufl. Stuttgart, New York: Schattauer. 3-19.

Falck, Vera (2005): „Von der Idee zur praxisbezogenen Umsetzung." In: Decker-Voigt Hans–Helmut und Dunkelziffer e.V. (Hrsg.) (2005): „Der Schrecken wird hörbar" Musiktherapie für sexuell missbrauchte Kinder. 1. Aufl. Lilienthal/Bremen: Eres Edition. 11.

Gahleitner, Silke B. (2005): Neue Bindungen wagen. Beziehungsorientierte Therapie bei sexueller Traumatisierung. 1 Aufl. München, Basel: Ernst Reinhardt Verlag.

Kerger, Carmen (2005): „Von der Mühe des Neuen." In: Decker-Voigt Hans–Helmut und Dunkelziffer e.V. (Hrsg.) (2005): „Der Schrecken wird hörbar" Musiktherapie für sexuell missbrauchte Kinder. 1. Aufl. Lilienthal/Bremen: Eres Edition. 13-14.

Musiktherapeutische Umschau 23.2 (2002). Vandenhoeck & Ruprecht.

Mitzlaff, Sabine/Strehlow, Gitta (2005): „Vorbemerkung." In: Decker-Voigt Hans–Helmut und Dunkelziffer e.V. (Hrsg.) (2005): „Der Schrecken wird hörbar" Musiktherapie für sexuell missbrauchte Kinder. 1. Aufl. Lilienthal/Bremen: Eres Edition. 31-32.

Mitzlaff, Sabine/Strehlow, Gitta (2005): „Rahmen und Konzept der musiktherapeutischen Behandlungen." In: Decker-Voigt, Hans–Helmut und Dunkelziffer e.V. (Hrsg.) (2005): „Der Schrecken wird hörbar" Musiktherapie für sexuell missbrauchte Kinder. 1. Aufl. Lilienthal/Bremen: Eres Edition. 33- 38.

Mitzlaff, Sabine (2005): „'Schneewittchens Apfel' Falldarstellung Vanessa." In: Decker-Voigt, Hans–Helmut und Dunkelziffer e.V. (Hrsg.) (2005): „Der Schrecken wird hörbar" Musiktherapie für sexuell missbrauchte Kinder. 1. Aufl. Lilienthal/Bremen: Eres Edition. 39-54.

Mitzlaff, Sabine (2005): „Theoriebeitrag: Sexualisiertes Verhalten." In: Decker-Voigt Hans–Helmut und Dunkelziffer e.V. (Hrsg.) (2005): „Der Schrecken wird hörbar" Musiktherapie für sexuell missbrauchte Kinder. 1. Aufl. Lilienthal/Bremen: Eres Edition. 55-60.

Mitzlaff, Sabine (2005): „'Ich kann nichts fühlen'. Falldarstellung Svenja." In: Decker-Voigt Hans–Helmut und Dunkelziffer e.V. (Hrsg.) (2005): „Der Schrecken wird hörbar" Musiktherapie für sexuell missbrauchte Kinder. 1. Aufl. Lilienthal/Bremen: Eres Edition. 89-102.

Mitzlaff, Sabine (2005): „Theoriebeitrag: Trauma und Dissoziation." In: Decker-Voigt Hans–Helmut und Dunkelziffer e.V. (Hrsg.) (2005): „Der Schrecken wird hörbar" Musiktherapie für sexuell missbrauchte Kinder. 1. Aufl. Lilienthal/Bremen: Eres Edition. 103-112.

Mitzlaff, Sabine/Strehlow, Gitta(2005): „Besonderheiten der musiktherapeutischen Arbeit mit sexuell missbrauchten Kindern und Jugendlichen." In: Decker-Voigt Hans–Helmut und Dunkelziffer e.V. (Hrsg.) (2005): „Der Schrecken wird hörbar" Musikthe-

rapie für sexuell missbrauchte Kinder. 1. Aufl. Lilienthal/Bremen: Eres Edition. 201-208.

Petersen, Dietrich (2005): „Hast du noch Töne? Supervision zweier Musiktherapeutinnen in der Arbeit mit Opfern sexueller Gewalt." In: Decker-Voigt Hans–Helmut und Dunkelziffer e.V. (Hrsg.) (2005): „Der Schrecken wird hörbar" Musiktherapie für sexuell missbrauchte Kinder. 1. Aufl. Lilienthal/Bremen: Eres Edition. 25-30.

Putzke, Stefanie (2002): „Musiktherapie mit Anna, einem sexuell traumatisierten Mädchen." In: Musiktherapeutische Umschau 23.2 (2002). Vandenhoeck & Ruprecht. 139-152.

Reichelt, Stefan (1994): Kindertherapie nach sexueller Mißhandlung. Malen als Heilmethode. 1Aufl. Zürich: Kreuz Verlag.

Richter-Appelt, Hertha (2005): „Dissoziation. (Dissoziative Störungen)" In: Bange, Dirk/ Körner, Wilhelm (Hrsg.) (2002): Handwörterbuch Sexueller Missbrauch. 1.Aufl. Göttingen, Bern, Toronto, Seattle: Hogrefe- Verlag. 53-55.

Woltereck, Britta (1994): Ungelebtes lebar machen. Sexuelle Gewalt an Mädchen im Zentrum von Therapie und Supervision. 1.Aufl. Ruhmark: Donna Vita.

Internetquelle

Saller, Helga (1987): „Sexuelle Ausbeutung von Kinder." In: http://arbeitsblaetter.stangl-taller.at/PSYCHOLOGIEENTWICKLUNG/ SexuellerMissbrauch.shtml (12.04.2009)

Lightning Source UK Ltd.
Milton Keynes UK
UKHW010640230721
387648UK00002B/388

9 783640 909735